技工院校电子商务专业教材
中等职业学校电子商务专业教材

电子商务安全技术习题册

邓 宁 主编

中国劳动社会保障出版社

简介

本习题册与《电子商务安全技术》配套使用。习题册按照教材章顺序编写，包括填空题、单项选择题、判断题、计算题、简答题、案例分析题、实训题等，题型丰富，供学生课后练习使用。习题册配有参考答案，可通过技工教育网（https://jg.class.com.cn）下载。

本习题册由邓宁任主编，周继苗、宋静雅参加编写。

图书在版编目(CIP)数据

电子商务安全技术习题册 / 邓宁主编. -- 北京：中国劳动社会保障出版社，2024. --（技工院校电子商务专业教材）（中等职业学校电子商务专业教材）.

ISBN 978-7-5167-6595-1

Ⅰ. F713.36-44

中国国家版本馆 CIP 数据核字第 2024NE4961 号

中国劳动社会保障出版社出版发行

（北京市惠新东街 1 号　邮政编码：100029）

*

河北品睿印刷有限公司印刷装订　新华书店经销

787 毫米 ×1092 毫米　16 开本　3.25 印张　60 千字

2024 年 10 月第 1 版　2024 年 10 月第 1 次印刷

定价：7.00 元

营销中心电话：400-606-6496

出版社网址：https://www.class.com.cn

https://jg.class.com.cn

目 录

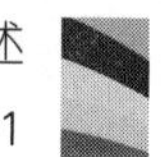

第 1 章 电子商务安全概述

一、填空题

1. 电子商务安全从整体上可以分为计算机网络安全和______________两大部分。

2. 计算机网络安全包括____________、计算机网络系统安全和__________等。

3. 电子商务交易安全主要是要实现电子商务的保密性、________、________、不可伪造性和不可抵赖性等。

4. 对硬件的威胁主要指对计算机本身以及各种网络设备等实体的威胁和攻击。这些威胁不仅会对____________造成损害，而且会使系统的机密信息受到严重破坏和泄漏。

5. 电子商务活动中的安全风险有很大一部分来自攻击者对银行专用网络的破坏。攻击者破坏银行专用网络所采用的手段大致有以下四类：中断、窃听、____________和_______________。

6. 计算机病毒是指编制的或者在计算机程序中插入的破坏计算机功能或者毁坏数据、影响计算机使用，并且能够自我复制的一组_________或者_________。

7. 如果从计算机信息系统的角度来阐述电子商务系统安全，那么可以认为电子商务系统安全是由________________、系统运行安全和_______________三部分组成的。

8. 电子商务系统实体安全是指保护计算机与网络设备、设施以及其他媒体免遭地震、水灾、火灾、有害气体和其他环境事故（如电磁污染等）破坏的措施。电子商务系统实体安全由____________、____________和媒体安全三部分组成。

9. 电子商务系统信息安全是指防止信息财产被故意地或偶然地非授权泄露、更改、破坏或使信息被非法的系统辨识、控制。信息安全要确保信息的完整性、________、____________和____________。

10. 访问控制是指对主体访问客体的_______________或能力的限制。访问控制主要包括出入控制和______________两大部分。

11. 电子商务运行安全中的风险分析包括系统设计前的风险分析、系统试运行前的风险分析、＿＿＿＿＿＿＿＿＿＿和＿＿＿＿＿＿＿＿＿＿等四个方面的安全举措。

二、单项选择题

1. 保证电子商务安全所面临的任务中不包括（　　）。

A. 数据的完整性　　B. 信息的保密性

C. 操作的便捷性　　D. 身份认证的真实性

2. 电子商务安全需求一般不包括（　　）。

A. 仿真性　　B. 保密性

C. 完整性　　D. 真实性

3. 软件安全威胁不包括（　　）。

A. 操作系统的隐患　　B. 网络协议的隐患

C. 应用软件的隐患　　D. 使用者的隐患

4. 下列关于电子商务系统实体安全的说法正确的是（　　）。

A. 电子商务系统受灾保护的目的是保护电子商务系统免受水、火、有害气体、地震、雷击和静电的危害。因此，其只要具备在灾难发生前，对灾难的检测和报警的功能即可

B. 电子商务系统设备安全是指对电子商务系统的设备进行安全保护，主要包括设备防盗、设备防毁及电源保护三个方面

C. 电子商务系统媒体本身的安全主要是指对媒体的安全保管，目的是保护存储在媒体上的信息，主要涉及媒体的防盗和媒体的防毁两个方面的举措

D. 由于已删除或已销毁的数据不可能被他人恢复，所以不必再浪费人力、物力进行处理

5.（　　）是企业内部网在互联网上的延伸，它通过专用的通道创建安全的专用连接，将远程用户、企业分支机构、公司业务合作伙伴等与公司的内部网络连接起来，构成一个扩展的企业内部网络。

A. 防火墙　　B. 虚拟专用网络

C. 入侵检测技术　　D. 蜜罐技术

三、判断题

1. 计算机网络安全和电子交易安全实际上是密不可分的，两者相辅相成、缺一不可，它们是电子商务活动得以实现的重要支撑。（　　）

2. 电子商务活动是基于互联网开展的，而互联网的数据传输是基于 TCP（传输控制协议）/IP（网际互连协议）等通信协议进行的，这些协议都是非常安全的。（　　）

3. 在电子商务交易平台的各个环节，如在信息存储、传输和处理的过程中，信息都有可能被有意或无意篡改、泄露或破坏。（　　）

4. 防火墙是保护企业和用户保密数据与网络设施免遭破坏的唯一手段。（　　）

5. 人员、管理及法律制度存在的安全隐患一般是电子商务安全中的微小环节，可以忽略不计。（　　）

6. 信息加密技术是主动的信息安全防范措施，它利用加密算法，将明文转换成无意义的密文，阻止非法用户理解原始数据，从而确保数据的保密性。（　　）

四、简答题

1. 电子商务交易过程中销售者面临的安全威胁有哪些?

2. 电子商务交易过程中购买者面临的安全威胁有哪些?

3. 防止线路被截获主要涉及哪些方面的举措?

4. 什么是电子商务系统运行安全？它由哪四部分组成?

5. 什么是电子商务系统信息安全？它由哪七部分组成？

6. 征信是指依法采集、整理、保存、加工自然人、法人及其他组织的信用信息，并对外提供信用报告、信用评估、信用信息咨询等服务，帮助客户判断、控制信用风险，进行信用管理的活动。征信能够从制度上约束企业和个人行为，有利于形成良好的社会信用环境。请列举你所知道的征信机构，并说明它们提供的服务。

五、案例分析题

深圳市市场监督管理局采取对电子商务经营者进行第三方信用评价的工作模式，已对 4 800 余家重点交易型网站及大型电子商务平台上 4.5 万余家网店进行了信用评价，从中发现涉嫌违法线索，网络监管工作效能显著提升。

1. 主要做法

深圳市电子商务经营者第三方信用评价模式经过数年探索已经趋于成熟，主要是针对电子商务市场主体数量大、交易频次高、政府有效监管难等问题，从电子商务交易数据可留痕、易传播、开放性强等特点出发，按照“政府引导、机构支撑、社会参与”的原则，实施第三方信用评价。

一是出台第三方信用评价管理办法。出台《电子商务经营者第三方信用评价与应用暂行办法》，鼓励信用评价机构对电子商务经营者信用信息进行归集整理与深度加工，明确监督管理部门可以通过购买服务、合作共享、信用评价机构主动推送等方式获取评价结果，并以评价结果为参考依据实施分级分类监管，制定第三方信用评价标准规范。统一规范电子商务平台、平台网店、独立网站三类电子商务主体信用评价指标内容、评价程序、信用档案等，提高评价结果的准确性。其中，信用评价指标模型包括身份真实性、服务保障程度等五大方面，共 90 多个指标。此外，深圳市还建立了

集模型指标管理、信用公示等功能于一体的信用评价系统，可根据电子商务形态特色、行业特色、监管特色开展不同维度的信用评价。

二是严格遴选第三方信用评价机构。首批选取 4 家信用评价机构参与标准研究模型构建、信用评价和评价结果应用工作，形成“前端标准研制 + 终端行业应用”的全流程第三方信用评价闭环。

2. 工作成效

第三方信用评价的模式有力带动了多方参与，实现了对民间监管力量和资源的有效融合，更有效地扩大了对电子商务领域的监管范围，提升了监管的精准度和监管效率。

一是创建信用评价模式。充分发挥信用研究、技术攻关优势，建立了以数据为基础、以模型为核心、以系统为抓手的第三方信用评价模式。第三方信用评价机构通过互联网公开渠道采集数据和通过深圳市公共信用中心提供的批量查询服务等，在保证信息安全的前提下，归集政府公共信用信息、消费者通过在线渠道反馈的监督信息等，形成电子商务企业信用信息数据库。

二是多方联动，共同推进电子商务市场治理。深圳市市场监督管理部门对电子商务经营者实行分级分类监管。商务部门应用信用评价结果对申请产业扶持资金的中小微企业进行真实性、合规性核验，有效过滤失信企业，提升产业资金发放精准度。电子商务平台根据信用评价结果，督促信用不良、投诉量多的电子商务经营者自查自纠。电子商务协会等参照信用评价结果，对失信会员采取警告、劝退等行业惩戒措施。消费者可以通过评价后悬挂的电子标识了解电子商务企业信用情况，并可以使用投诉举报功能向信用评价机构反馈意见，强化社会监督。

针对上述案例，谈一谈你对电子商务征信系统作用的认识，以及对电子商务征信系统今后发展的构想和建议。

第 2 章 计算机系统与网络安全技术

一、填空题

1. 总的来说，操作系统安全的主要内容包括系统安全、__________、资源安全和__________四个方面。

2. NTFS（new technology file system，新技术文件系统）比 FAT（file allocation table，文件配置表）、FAT32（32 位文件配置表）安全得多。NTFS 具备高强度的__________，保证用户不能访问未经授权的文件和目录，能够有效地保护不被__________。

3. 分析计算机系统安全问题，可以从__________、应用软件、计算机硬件及__________等几个方面入手。

4. 计算机操作人员缺乏基本的__________和必要的__________也是导致信息安全问题的重要原因之一。

5. 网络攻击中主动攻击的方法主要有__________、__________和拒绝服务，被动攻击的方法主要有__________、__________、破解弱加密的数据流等。

6. 拒绝服务攻击是指攻击者想办法让目标机器停止__________，是黑客常用的攻击手段之一。

7. 常见的网络攻击方法有 Web 欺骗、__________、分布式拒绝服务攻击、__________、口令攻击和__________。

8. 网络扫描器应至少具备的基本功能有：__________；发现主机后，扫描它正在运行的操作系统和各项服务；__________。

9. 计算机病毒的特征是具有破坏性、________、________、潜伏性和________。

10. 计算机病毒的传播途径主要有__________和网络。

11. 根据病毒的危害性，手机病毒大致可分为恶意扣费、恶意传播、远程控制、

破坏数据、________、________、隐私窃取和__________八类。

12. 黑客在发动网络攻击前会先进行___________和系统安全弱点的探测。

13. 常见的黑客欺骗攻击方法有__________、邮件欺骗攻击、__________等。

14. 入侵检测是指对入侵行为的________、________和响应，它收集计算机网络或计算机系统中若干关键点的信息，并对收集到的信息进行分析，从而判断网络或系统中是否有违反安全策略的行为和系统被攻击的征兆。

15. 入侵检测的一般流程包括__________、____________和入侵事件响应。

16. 防火墙的特性包括________________、防火墙只放行经过授权的网络流量和____________________________等。

17. 按部署位置分类，防火墙可以分为________、________和分布式防火墙。

18. 从工作原理角度看，防火墙采用的主要技术包括__________________、___________________、状态检测技术和_______________。

19. 辨别防火墙性能的主要技术指标有网络吞吐量、_____________、时延和________________等。

20. 数据备份包括系统数据备份和______________。

21. 数据恢复就是把遭到破坏、_______和_______的数据还原为可使用数据的过程。

22. 虚拟专用网络（virtual private network，VPN）是建立在__________上的私有专用网。它利用基于公众基础框架的网络，来建立一个安全、可靠的和可管理的__________。

23. VPN 的安全性包括_______、信息认证和身份认证、__________、密钥管理和多协议支持等方面。

24. 针对不同的用户要求，VPN 有三种主要的应用方案，即___________、企业内部虚拟网（Intranet VPN）和_________________。

二、单项选择题

1. 下列选项中，不属于操作系统引发的安全问题的是（　　）。

A. 操作系统漏洞　　B. 操作系统组件的安全问题

C. 操作系统安全设置的问题　　D. 操作人员的误操作

2. 使用安装 Windows 操作系统的计算机过程中，如果需要暂时离开，那么可以通过按（　　）键来达到锁定屏幕的目的。

A. Win+R　　B. Win+L

C. Ctrl+Alt+Esc　　D. Ctrl+A

3. 下列软件中，属于网络扫描工具的是（　　）。

A. X–Scan　　B. Office

C. Photoshop　　D. 格式工厂

4. 下列选项中，不属于利用社会工程学对口令密码进行攻击的是（　　）。

A. 攻击者根据账户拥有者的身份信息和习惯，进行口令的猜测

B. 攻击者通过管理员疏忽或无意泄露获得口令

C. 攻击者通过网络监听获得用户口令密码

D. 攻击者通过人际交往这一非技术手段，以欺骗、套取的方式来获得口令

5. 下列选项中，不属于防范 Web 攻击的有效措施的是（　　）。

A. 上网浏览时，关掉浏览器的 Java Script

B. 从熟悉的网站上链接到要访问的网站

C. 点击邮件或短信上的链接来浏览要访问的网站

D. 从地址栏中直接输入网址来浏览网站

6. 下列关于网络攻击的说法正确的是（　　）。

A. 特洛伊木马是指攻击者想办法让目标机器停止提供服务，是黑客常用的攻击手段之一

B. 拒绝服务攻击是指攻击者建立一个可以使人信以为真的假冒 Web 站点（钓鱼网站），这个“复制”的 Web 站点与原页面几乎完全一样

C. DDoS（分布式拒绝服务）攻击中攻击者常常把破译用户的口令密码作为攻击的开始，只要攻击者能获得用户的口令，他就能获得机器或者网络的访问权，并能访问用户能访问的任何资源

D. 网络监听也称网络嗅探（sniffer），它借助网络底层的工作原理，能够把网络传输的全部数据记录下来

7. 下列关于计算机病毒的描述正确的是（　　）。

A. 计算机病毒是能够自我复制的一组计算机指令或者程序代码。计算机感染病毒后，可以找出病毒程序，进而清除

B. 只要计算机系统能够使用，就说明没有被病毒感染

C. 只要计算机系统的工作不正常，就一定是被病毒感染了

D. U 盘只用于保存数据，使用时一般不会被病毒感染

8. 通过网络感染计算机病毒的途径不包括（　　）。

A. 电子邮件　　B. 即时通信软件

C. 移动硬盘　　D. FTP 文件下载

9. 下列计算机操作中，(　　) 是相对不安全。

A. 定期备份，不使用盗版或来历不明的软件

B. 安装正版杀毒软件，及时升级更新杀毒软件的病毒库，设置实时监视功能

C. 对于陌生人发来的电子邮件，不要轻易打开其附件

D. 经常在互联网上下载、安装、测试软件

10. 下列关于入侵检测的说法错误的是 (　　)。

A. 充分利用系统和网络日志文件信息是检测入侵的必要条件

B. 攻击者为了隐藏他们的活动痕迹，不会尽力去修改系统日志文件

C. 一个进程出现了不期望的行为，可能表明攻击者正在入侵系统

D. 入侵数据分析是整个入侵检测系统的核心模块，分析的方式多种多样，可以是对某种行为的计数，也可以是一个复杂的专家系统

11. 下列选项中，不属于入侵检测的数据提取目标项的是 (　　)。

A. 系统和网络日志　　　　B. 程序版本的改变

C. 程序执行中的不期望行为　　　　D. 物理形式的入侵信息

12. 下列选项中，不属于防止口令猜测措施的是 (　　)。

A. 严格限定从一个给定的终端进行非法认证的次数

B. 确保口令不在终端上再现

C. 防止用户使用过短的口令

D. 使用机器产生的口令

13. 用户收到了一封疑似管理员的电子邮件，要求该用户将其个人信息马上用 E-mail 回复给对方，这属于 (　　)。

A. 缓存溢出攻击　　　　B. 欺骗攻击

C. 木马攻击　　　　D. DDoS 攻击

14. 下列关于防火墙的说法错误的是 (　　)。

A. 防火墙能阻止来自内部网络的攻击

B. 防火墙能控制进出内部网络的信息流向和信息包

C. 防火墙能提供 VPN 功能

D. 防火墙能隐藏内部 IP 地址

15. 下列关于防火墙技术指标的说法错误的是 (　　)。

A. 吞吐量是防火墙的重要指标之一，它是防火墙在不丢包条件下每秒转发包的极限值

B. 丢包率是防火墙在遭受攻击时丢弃的包占收到的包的比例

C. 最大并发连接数是指防火墙能够同时处理点对点连接的最大数目，它直接影响防火墙所能支持的最大信息点数

D. 时延是在防火墙的吞吐量范围内，从收到包到转发包的时间间隔

16. 下列选项中，不属于防火墙的作用的是（　　）。

A. 有效地防范受病毒感染的软件或文件的传输

B. 集中商务人员认证服务

C. 对网络存取和访问进行监控审计

D. 防止内部信息外泄

17. 下列选项中，不属于数据备份存储设备的是（　　）。

A. U 盘　　B. 云盘　　C. 硬盘　　D. 键盘

18. 下列关于硬盘数据恢复的说法正确的是（　　）。

A. 只要硬盘出现物理故障，硬盘中的数据就无法被恢复

B. 硬盘被格式化后，硬盘中的数据就无法被恢复

C. 硬盘中的文件被删除后，是无法被恢复的

D. 就算系统无法启动，硬盘中的数据也是能够被部分恢复的

19. VPN 中的安全连接是由网络隧道技术形成的，下列协议中，不属于 VPN 使用的隧道协议的是（　　）。

A. 点对点隧道协议　　B. 第二层转发协议

C. 第二层隧道协议　　D. HTTP 协议

20. 下列关于 VPN 的说法正确的是（　　）。

A. VPN 指的是用户自己租用的，公共网络物理上完全隔离的、安全的线路

B. VPN 指的是用户通过公共网络建立的临时的、安全的连接

C. VPN 不能提供信息认证和身份认证

D. VPN 只能提供身份认证，不具备加密数据的功能

三、判断题

1. 在选择密码时，很多人习惯使用特殊的日期、时间或数字，如自己或家人的出生日期、家庭电话或手机号码等。这样的密码便于记忆，是比较安全的选择。（　　）

2. Guest 账号可用于远程访问计算机，如果为了方便用户使用，最好启用该账号。（　　）

3. 应用软件中办公软件的安全风险较小，基本不存在安全问题。（　　）

4. 网络中信息有存储、处理和传输三个主要操作，其中存储受到的安全威胁最大。（　　）

5. 为了控制服务器中用户的权限，同时也为了预防以后可能遭受的攻击，必须非常小心地设置目录和文件的访问权限。权限的最大化原则是安全的重要保障。（　　）

6. 由于被动攻击不会对被攻击的信息做任何修改，留下痕迹很少，或者根本不留下痕迹，所以非常难以检测。因此，抗击这类攻击的重点在于预防。（　　）

7. 特洛伊木马程序能够在计算机管理员未发觉的情况下开放系统权限、泄漏用户信息甚至窃取整个计算机管理使用权限，这使得它成为了黑客们常用的工具之一。（　　）

8. 由于 TCP/IP 协议的数据流采用密文传输，所以信息很难被在线窃听、篡改和伪造。（　　）

9. 网页病毒仅仅通过浏览网页就可以入侵用户电脑，普通用户无法识别且难以防范。（　　）

10. 流氓软件不但占用系统资源，还会强行向用户推送广告，甚至非法获取用户的个人隐私资料。（　　）

11. 移动存储设备格式化之后就不会带有病毒。（　　）

12. 山寨手机和翻新手机容易被不法分子利用，内置手机病毒，并且很难查杀和清除。（　　）

13. 漏洞攻击是指黑客利用计算机操作系统自身存在的缺陷，通过他们编制的专门软件，对计算机系统进行破坏和入侵。当前，计算机操作系统都比较成熟，已没有什么漏洞可被黑客利用。（　　）

14. 入侵检测系统通过对网络中的数据或主机的日志等信息进行提取和分析，发现入侵和攻击行为，并可以通过和防火墙联动，对入侵或攻击做出响应。（　　）

15. Wireshark 是一个网络抓包软件，常用来检测网络问题、攻击溯源或者分析底层通信机制。（　　）

16. 防火墙用于加强网络间的访问控制，防止外部用户非法使用内部网络的资源，保护内部网络的设备不被破坏，防止内部网络的敏感数据被窃取，能极大地提高内部网络的安全性。（　　）

17. 个人防火墙是指安装在个人计算机上的外部硬件设备，它能够监视计算机的通信状况，一旦发现有对计算机产生危险的通信，就会报警通知管理员或立即中断网络连接，以此实现对个人计算机上重要信息的安全保护。（　　）

18. NAT（网络地址转换）技术是一种内部私有 IP 地址互相转换的技术。（　　）

19. 将用户重要数据与操作系统存储在相同的分区或同一存储器上是保护数据、提高工作效率非常有效的方法，这样做存取速度快而且安全。（　　）

20. 增量备份只备份上次备份后被修改过的数据，其优点是恢复数据简单，缺点是需大量的存储空间、成本较高、备份时间长。 (　　)

四、简答题

1. 在设置密码时，应注意哪些问题?

2. 简要说明为计算机设置屏幕保护程序（等待时间为3分钟，密码为 Safe2024dianshang）的步骤。

3. Windows 操作系统常用的安全配置有哪些?

4. 常用的口令攻击方式有哪些?

5. 简要说明网络扫描的基本原理。

6. 计算机病毒发作时一般会有哪些表现?

7. 如何防范手机病毒?

8. 黑客常用的网络攻击手段有哪些?

9. 什么是入侵检测技术?

10. 防火墙有什么作用?

11. 企业选购防火墙时应注意哪些问题?

12. 简述数据备份中完全备份和增量备份的区别。

13. 简述使用 Symantec Ghost 备份及还原系统分区的步骤。

14. 什么是 VPN 技术?

15. VPN 的主要应用方案有哪些?

五、案例分析题

1. 案例 1

近几年，智能手环等穿戴设备成为科技新宠。但是很少有人知道，智能手环等穿戴设备也存在着让黑客入侵并掌握用户个人金融信息的安全隐患。利用穿戴设备的系统漏洞，黑客可以不经过手机的配对校验就能直接与用户的穿戴设备实现连接。

这样不仅可以做出“清零手环步数”的恶作剧，甚至当用户佩戴穿戴设备到 ATM 机输入银行卡密码时，黑客可以借助穿戴设备的运动传感器，依据手部动作的位置和幅度，远程分析用户正在输入的密码。

针对上述案例，总结、分析黑客入侵的方式与渠道，并谈谈应如何防范。

2. 案例 2

“5·12”汶川地震给四川金融行业造成了重大损失，5 497 个金融网点受灾，占金融网点总数的 43.32%。而国金证券这家证券公司，虽然其都江堰证券营业部因地震导致机器受损而暂停当天业务，但第二天仅凭借一台笔记本电脑就恢复了正常运营。国金证券能够这么快恢复正常运营的根本原因在于营业部的服务器能够正常运转，且数据因有备份而没有丢失，因此交易不受影响。

国内的数据备份市场起步晚却发展迅速，尤其是对数据安全性、业务连续性要求较高的银行、证券等金融行业，非常重视业务系统灾备方案建设，普遍建立异地容灾备份方案，并从行业标准到项目建设各个环节都严格要求，以避免地震等自然灾害带来的恶劣影响。

针对上述案例，谈谈数据安全备份的重要性及应采取的预防措施。

3. 案例 3

某工程公司在设备、材料、计划、财务、工程、质量等领域均建立了计算机管理系统，并设有相应部门进行归口管理，实现了总部信息系统的集中化处理。

该工程公司的各项目部作业地点多变，且需与总部保持密切沟通和联系。因此，总公司与各项目部之间信息的传达、汇总和审查监督至关重要。虽然使用专线将各项目部连接起来是一个联网方案，但该方案成本高，且需随地点变动重新架设线路。项目部在客户场地工作时，虽可以利用客户网络接入互联网，但双方均面临安全问题。

内联网 VPN 有效解决了上述问题，它将总部与各项目部连接成一个可控制的局域网，为各类应用提供基础网络支撑。

■内联网 VPN 方案示意图

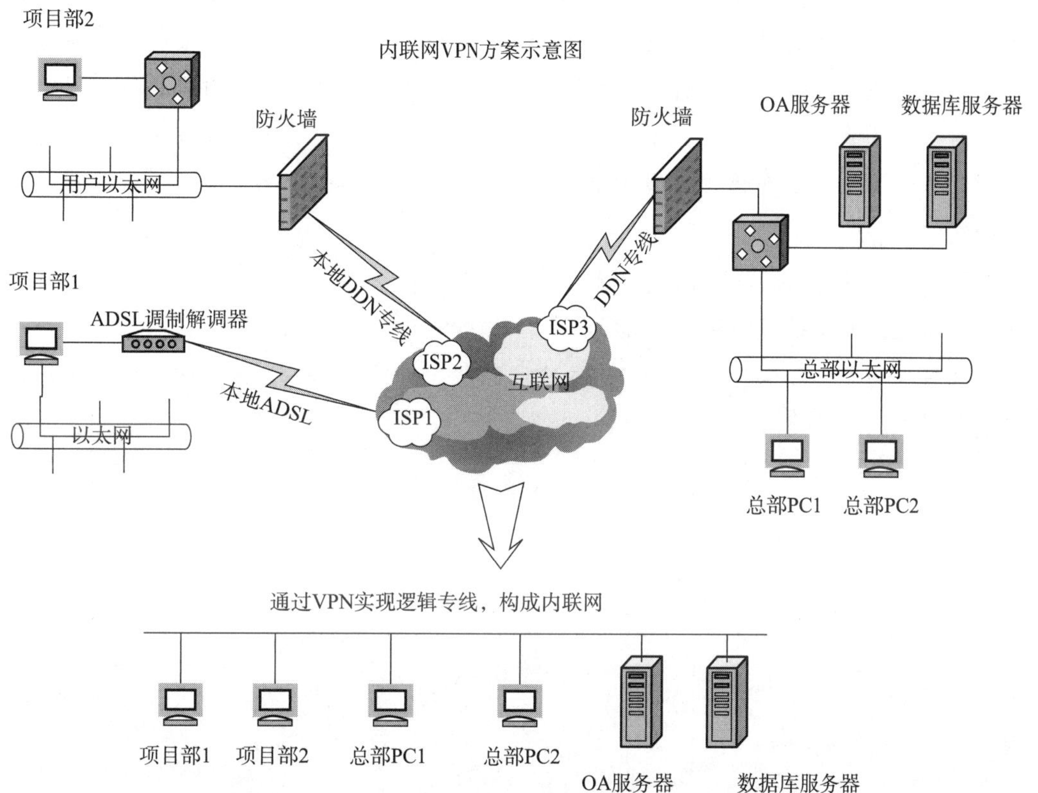

内联网 VPN 实施详情：总部和各项目部均就近接入互联网。为传输工程设计图等较大数据，总部通常采用 DDN 专线，项目部则采用 ADSL 接入。项目部在客户处施工时，可配置 VPN 网关，将客户网络与项目部网络在逻辑上隔绝，以确保总部的数据只有项目部可以识别。VPN 网关安装于防火墙后，可以是独立硬件，也可以是基于现有服务器的软件形式。网关后的计算机无须安装额外软件即可通过网关接入总部。

阅读上述案例，列举 VPN 在此案例中发挥的优点。

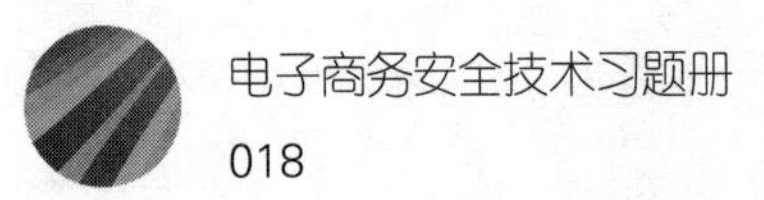

4. 案例 4

曾女士作为一家婚庆跟拍网店的客服，近期接洽了一位自称有大量订单的客户。为促成交易，双方通过微信沟通。客户发送了一个包含订单需求的压缩包，并要求曾女士解压后逐一点击文件以明确具体需求。曾女士照做后，计算机出现故障，但她并未即时警觉，直至民警联系。经鉴定，压缩包中的一张照片实为木马程序，能自动搜索、收集计算机内储存的公民信息并上传至境外服务器。初步调查显示，遭遇类似情况的商家不在少数。

该地公安局成功侦破首例利用计算机种植木马病毒盗取电子商务客户信息的网络黑灰产案件，抓获犯罪嫌疑人 30 名。

在日常商务活动中，接收客户信息在所难免。结合上述案例，总结、分析电子商务商家应如何防范此类事件的发生。

六、实训题

1. 实训 1：个人计算机安全设置

（1）实训内容

1）安装并设置杀毒软件，检查个人计算机是否存在计算机病毒。

2）为系统安装必要的补丁，配置计算机的本地安全策略，启用 Windows 防火墙。

（2）实训要求

1）明确个人计算机是否感染病毒，保证个人计算机的安全。

2）熟悉操作系统的安全配置，保障 Windows 操作系统的安全。

（3）实训小结

从效果分析及措施改进等方面，撰写实训小结。

2. 实训 2：个人计算机数据备份

（1）实训内容

1）安装数据备份软件，对本机系统盘进行备份，备份到一个磁盘映像文件中。

2）规划本机的数据存储和备份方案，在考虑成本效益的基础上，合理利用存储资源，降低安全风险。

（2）实训要求

1）合理开展数据存储的规划和管理，培养数据安全意识。

2）熟悉数据备份和恢复操作，养成及时开展数据备份的良好习惯。

（3）实训小结

从效果分析及措施改进等方面，撰写实训小结。

第3章 电子交易安全技术

一、填空题

1. 数据加密是指将一条消息通过加密密钥和________________转换成无意义的________________，接收者再通过__________和解密密钥将________还原成明文的过程。

2. 加密系统包括__________、密文、____________和加密解密密钥等部分。

3. 古典密码编码方法主要有置换和__________两种，而近现代数据加密技术主要包括______________和非对称加密技术。

4. 非对称加密技术又称公钥加密技术，这种技术的________和________是不同的，________对外公布，________只有持有人知道。

5. 公钥基础设施（public key infrastructure，PKI）是以__________为理论基础，以____________为核心，以______________为工具来提供安全服务功能的。

6. 一个完整的PKI系统一般有认证机构（certificate authority，CA）、________、密钥备份及恢复系统、________、PKI应用接口等基本组成部分。

7. PKI的应用十分广泛，主要包括____________、____________和基于安全套接层的PKI。

8. 数字证书可用于发送安全电子邮件、访问安全站点、网上证券、网上招标采购、网上签约、网上办公、网上缴费、网上税务等网上安全电子事务处理和安全电子交易活动，其主要功能有_________、__________和身份认证。

9. SET（安全电子交易）协议主要是为了解决消费者、商家、银行之间的________与__________问题。由于它具有保证交易数据的完整性、交易的不可抵赖性等优点，所以成为目前公认的信用卡网上交易的国际标准。

10. SET协议的安全技术主要有____________、数字信封、______________、____________、数字签名和双重签名等。

11. SET协议系统中各方主要包括____________________、______________、银行、_______________和认证中心。

12. 通过SET系统，消费者的资料加密或打包后经过商家到达银行，在此过程中商家________看到消费者的账户和密码信息。

13. 无线网络由于自身的限制，在给无线用户带来通信方便性和灵活性的同时也带来了诸多不安全因素，如____________、______________、基站与移动服务中心的通信受到攻击等。

14. ____________是我国首个在计算机宽带无线网络通信领域自主创新并拥有知识产权的安全接入技术标准，它采用了更加合理的双向认证加密技术，实现设备的身份鉴别、链路验证、访问控制和用户信息在无线传输状态下的加密保护。

二、单项选择题

1. (　　) 通过一个密钥和加密算法可将明文变换成不容易理解的信息。

A. 密钥　　　　B. 密文

C. 解密　　　　D. 加密算法

2. 消息传送给接收者后，要对密文进行解密时所采用的一组规则称为 (　　)。

A. 加密　　　　B. 密文

C. 解密　　　　D. 解密算法

3. 把明文变成密文的过程，叫作 (　　)。

A. 加密　　　　B. 密文

C. 解密　　　　D. 加密算法

4. 非对称密钥算法加密和解密使用 (　　)。

A. 一把密钥

B. 密钥对，一个用于加密时另一个用于解密

C. 不使用密钥

D. 两把无关密钥

5. 对称密钥算法加密和解密使用 (　　)。

A. 一把密钥

B. 密钥对，一个用于加密时另一个用于解密

C. 不使用密钥

D. 两把无关密钥

6. 数字签名所需要采用的加密技术是 (　　)。

A. 对称加密技术　　　　B. 非对称加密技术

C. 古典置换加密技术　　D. 古典代换加密技术

7. PKI 的主要功能不包括（　　）。

A. 身份认证　　B. 密钥管理

C. 完整性和不可抵赖性　　D. VPN 私有通信

8. 下列关于 Web 网站安装 SSL 证书的说法错误的是（　　）。

A. SSL 证书利用公钥加密技术，对数据进行加密后再传输，确保数据传输过程中不被黑客窃取或篡改

B. 安装 SSL 证书，网站将获得绿色锁形标识，这会影响用户浏览网站的速度和体验感

C. 安装 SSL 证书可以提供数字签名功能，证明网站身份的合法性和真实性，增加用户对网站的信任度

D. 搜索引擎越来越看重网站的安全性，使用 SSL 证书可以帮助网站提高搜索引擎排名，从而吸引更多有意向的客户

9. CA 是采用 PKI 公钥基础架构技术，专门提供网络身份认证服务，负责签发和管理数字证书，且具有权威性和公正性的第三方信任机构。我国的 CA 主要可以分为三大类，其中不包括（　　）。

A. 行业性 CA　　B. 区域性 CA

C. 商业性 CA　　D. 用户自建 CA

10.（　　）是 PKI 的核心执行机构，是 PKI 的主要组成部分。

A. 银行　　B. 商家

C. 认证机构　　D. 用户

11. 下列关于 SET 协议的说法错误的是（　　）。

A. 保证信息在网络上安全地传输，防止数据被第三方窃取，只有收件人才能得到和解密信息

B. 防止商家遭受木马、病毒攻击，建立商家和消费者间的私密通道

C. 提供消费者、商家、银行的认证，并定义安全服务所需要的算法及相关协议，保证传输数据被完整地接收，并在中途不被篡改

D. 不仅要对消费者的信用卡进行认证，还要对商家的信誉程度进行认证，同时还有消费者、商家与银行间的认证，从而验证公共网络上进行交易活动的各方及交易活动的合法性

12. 下列选项中，不属于无线局域网安全技术的是（　　）。

A. WEP（有线对等保密）安全机制

B. SSID（服务集标识）匹配技术

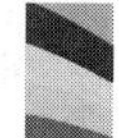

C. WAPI（无线局域网鉴别和保密基础结构）安全机制

D. 蓝牙技术

13. 在移动电子商务面临的安全问题中，SIM卡被复制或射频识别被解密属于（　　）。

A. 无线网络自身的安全问题

B. 移动设备的不安全因素

C. 移动电子商务平台运营管理漏洞造成的安全威胁

D. 手机病毒造成的安全威胁

14. 无线AP（接入点）根据内部的MAC地址列表确定允许接入的无线设备，采用的是（　　）。

A. SSID匹配技术　　　　B. WEP安全机制

C. MAC地址过滤技术　　　　D. WAPI安全机制

15. 下列关于WAPI安全机制的优越性的说法不正确的是（　　）。

A. 使用数字证书进行身份验证

B. 真正实现双向鉴别，确保客户端和无线接入点之间的双向验证

C. 采用集中式密钥管理，对局域网内的证书进行统一系统管理

D. 通过2.4 GHz无须授权的ISM频段的微波，实现数据位流的过滤和传输

三、判断题

1. 信息加密后可以永远保证信息的机密性。（　　）

2. 加密的安全性取决于算法的强度、密钥的长度及其保密性。（　　）

3. 加密密钥和用户唯一保存的私钥都可对外公开。（　　）

4. 对称加密技术又称私钥加密技术，即信息的发送方和接收方用一个密钥去加密和解密数据。它最大优势是使用起来简单快捷，加密和解密速度较快，适用于对大数据量进行加密。（　　）

5. 数字证书中一般包含证书持有者的名称、公钥、认证中心的数字签名，以及密钥的有效时间、认证中心的名称等信息。（　　）

6. 传统电子邮件系统虽然可以确定所收取的邮件是否真的来自发信人，但所传递的邮件信息存在被截取、阅读或篡改的可能。（　　）

7. SSL证书提供身份安全鉴别，而且可以保证网站不被假冒，其显著特征就是在浏览器地址栏前面会出现一个挂锁图标，并且地址栏显示以http开头的网址。（　　）

8. SET协议是一个为在线交易而设立的开放的、以电子货币为基础的电子支付系统规范，在保留对用户信用卡认证的前提下，又增加了对商家身份的认证。在开放的

互联网上处理电子商务，SET 协议保证了买卖双方数据传输的安全性。（　　）

9. 在 SET 交易中，因为有身份的认证，消费者无须担心商家的真实性，也不会把自己的卡号暴露给商家，因为商家根本看不到消费者的支付信息。但 SET 交易没有为商家提供保护自己的手段，消费者可以抵赖自己的订单。（　　）

10. SSID 被称为第一代无线安全技术，只有客户端的 SSID 与无线 AP 中的 SSID 一致时才能接到无线 AP 中。（　　）

11. 共享式 WEP 加密模式需要 SSID 信息以及 WEP 加密密钥两方面同时匹配才能连接无线网络，理论上安全性高，默认情况下无线路由器等产品会自动使用该加密模式。（　　）

12. WPKI（无线公共密钥基础结构）是有线 PKI 的一种扩展，是将互联网电子商务中 PKI 安全机制引入无线网络环境中的一套遵循既定标准的密钥及证书管理平台体系。用它来管理在移动网络环境中使用的公钥和数字证书，能够有效建立安全和值得信赖的无线网络环境。（　　）

13. 蓝牙装置只有在进行通信时才能检测到，并且授权给连接方的权限也是有限制的，是比较安全的。（　　）

14. SET 协议提供消费者、商家、银行的认证，并定义安全服务所需要的算法及相关协定，保证传输数据被完整地接收，并在中途不被篡改。（　　）

四、计算题

1. 加密算法其实就是一种数学函数，用来完成加密和解密运算。如"恺撒密码"，加密的算法就是向左移位，如果密钥为 19，就会将每个字母左移 19 位，产生下列明密对照表：

a	b	c	d	e	f	g	h	i	j	k	l	m	n	o	p	q	r	s	t	u	v	w	x	y	z
↓	↓	↓	↓	↓	↓	↓	↓	↓	↓	↓	↓	↓	↓	↓	↓	↓	↓	↓	↓	↓	↓	↓	↓	↓	↓
T	U	V	W	X	Y	Z	A	B	C	D	E	F	G	H	I	J	K	L	M	N	O	P	Q	R	S

如明文为 good，则密文为 ZHHW。

算法相同，密钥不同，得出的密文也不同。

请按照"恺撒密码"算法，推算出下列两组密文。

（1）明文：industry　　密文：________________

（2）明文：right　　密文：________________

2. 依据下列明密对照表，推算出下列两组明文。

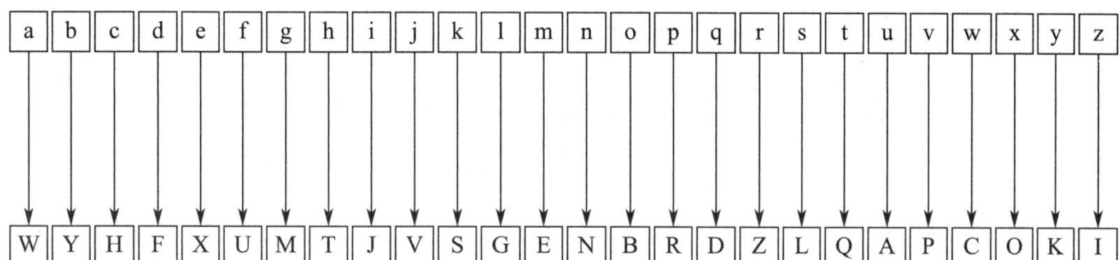

（1）密文：UZJXNF　　　　明文：________________

（2）密文：MZXWQCWGG　　明文：________________

五、简答题

1. 简述加密技术在电子商务中的作用。

2. 简述对称加密技术和非对称加密技术的区别。

3. 简述 PKI 系统的组成及其功能。

4. 简述数字证书的结构及其功能。

5. 安装了 SSL 证书的网站有什么特征？如何查看网站的 SSL 证书信息？

6. 简述 SET 协议如何保护互联网交易安全。

7. 简单比较 SET 协议与 SSL 协议的区别和各自的特点。

8. 试述 SET 协议的购物流程。

9. 什么是 WAPI 安全机制？它有哪些优点？

10. 简述移动电子商务的安全策略。

六、案例分析题

1. 案例 1

2018 年，天猫“双 11 狂欢节”的物流订单量为 10.42 亿单。下面来解析阿里巴巴数字化后台系统是如何构筑安全防护墙并顶住这一天汹涌的订单“巨浪”的。

（1）阿里云生态平台

得益于大数据、云计算、物联网的高效整合，阿里云平台有效地应对了海量交易数据的爆发。“双 11 狂欢节”期间，阿里云上新增调用的弹性计算能力累计超过 1 000 万核，相当于 10 座大型数据中心。

（2）MTEE3 风控平台

MTEE3 风控平台的中文名称为业务安全智能风控平台，这套系统的功用是为阿里经济体的各类核心业务提供账号安全、活动反作弊、内容安全、人机识别等几十种风险的防护与保障。

例如，下单前，安全技术将全程检测交易环境是否安全；下单时，检测是否机器下单以及收货地址的真实性；物流配送阶段，有隐私面单技术，消费者不用担心订单信息被泄露。

可以看到，海量数据处理、主动抵御攻击、智能风险控制等技术共同构成了“双 11 狂欢节”当天的安全保障机制，共同维护着双十一交易链路的畅通，看护着消费者订单的安全。

（3）生物识别及区块链技术

在安全支付技术上，支付宝充分利用了移动设备的芯片级安全能力，经过与产业链多方的合作，构造了一套全链路安全协议，为指纹、Face ID、刷脸等支付方式提供安全保障。

尝试归纳在天猫“双 11 狂欢节”中阿里巴巴用到的安全技术。

2. 案例 2

2023 年全国移动应用安全观测报告（节选）

※ 全国移动互联网应用在个人信息保护方面情况概述

2023 年人工针对 App 的个人信息安全合规问题进行抽样性检测，根据《App 违法违规收集使用个人信息行为认定方法（国信办秘字〔2019〕191 号）》，发现存在“未

经用户同意收集使用个人信息”问题的应用数量最多，占检测总量的 52.45%，较之去年下降 14.44%。

※ 全国移动互联网应用漏洞风险概况

截至 2023 年 12 月 31 日，全国 351 万款 Android 应用通过移动应用安全平台进行风险检测，其中，有高危漏洞的应用约 239 万款，占应用总数的 76.89%。本年度排名前三的漏洞分别是“Janus 漏洞”“截屏攻击风险”和“未移除有风险的 WebView 系统隐藏接口漏洞”。

在对移动应用进行安全性检测时，我们发现某些类型的应用存在高危漏洞的风险特别高。具体来看，主题壁纸类应用在这方面的问题尤为突出，其存在高危漏洞的应用数量占到了我们检测总量的 92.0%，这一比例在所有功能类型中是最高的。这意味着，几乎每一款主题壁纸类应用都可能存在至少一个高危漏洞。紧随其后的是拍摄美化类应用，存在高危漏洞的应用数量占检测总量的 88.4%。第三名是系统工具类应用，高危漏洞的应用数量占检测总量的 86.9%。

※ 全国移动互联网应用植入恶意程序情况概况

移动互联网应用植入恶意程序的情况近年来呈现增长的趋势，这些恶意程序可能会窃取用户的个人信息、破坏系统、恶意扣费、弹出广告等，给移动用户的个人信息及财产安全带来巨大的威胁。

（1）主要恶意程序风险描述

截至 2023 年 12 月，全国累计含有恶意程序的应用 29 万款，其中恶意程序类型以“流氓行为”为主，这些恶意程序主要存在对移动用户的隐私数据收集、恶意扣费、流量资源消耗、系统破坏和广告推送等多种恶意行为，给移动用户的个人信息及财产安全带来巨大的威胁。详见下图：

2023 年恶意程序类型统计

（2）恶意应用功能类型分布情况

从功能类型来看，游戏应用类存在恶意应用的数量占全国恶意应用总量的 49.66%，位居第一；金融理财类存在恶意应用的数量占全国恶意应用总量的 8.46%，位居第二；生活实用类存在恶意应用的数量占全国恶意应用总量的 8.23%，位居第三。存在恶意应用最多的功能类型是游戏应用类，远远超过其他类型，需要加强对这类恶意应用的排查。这类恶意软件可能会以广告软件的形式出现，通过弹窗广告干扰用户，或者更糟糕的是，利用用户浏览器的漏洞进行偷渡式下载，安装恶意程序到用户的设备上。

针对上述案例，谈谈使用移动商务应用程序时应注意的安全事项。

七、实训题

1. 实训 1：办公文档加密

（1）实训内容

1）尝试对自己的办公文档进行加密。

2）设计安全传送策略，将自己的加密办公文档发送给远端的好友，让其可以安全打开，但又最低程度地降低该文档被截获或密码被泄露的风险，同时保证时间成本和经济成本较低。

（2）实训要求

1）掌握办公文档加密的一般方法。

2）能够根据实际情况，选择合理的安全策略。

（3）实训小结

从效果分析及措施改进等方面，撰写实训小结。

2. 实训 2：无线路由器安全设置

（1）实训内容

1）登录无线路由器，进行安全性设置，设置内容包括无线网络 SSID、接入密码和加密方式。

2）设置无线路由器的“白名单”，仅自己的手机能够接入该无线路由器。

（2）实训要求

1）掌握无线路由器的一般安全设置。

2）会使用无线局域网安全技术提高网络的安全性。

（3）实训小结

从效果分析及措施改进等方面，撰写实训小结。

第4章 电子支付与网上银行

一、填空题

1. 常见的电子支付业务类型包括__________、电话支付、________、销售点终端交易、自动柜员机交易和其他电子支付。

2. 授权是支付系统中最重要的环节。支付授权有三种方式：外部授权、________和________________。

3. 电子支付系统是一个由买（消费者）卖（商家）双方、网络金融服务机构、__________、___________等各方组成的综合性系统。

4. 与传统银行业务相比，网上银行具有如下优势：____________________、互动性与持续性服务、____________________，以及____________________。

5. 网上银行的业务安全风险是指来源于银行内部员工或者用户的________、恶意操作而导致的潜在损失。

6. 网上银行的技术安全风险主要包括网上银行客户端安全认证风险、__________、____________________和数据安全风险。

7. 第三方支付平台作为中介方，可以促成商家和银行的合作。商家利用第三方支付平台可以________企业运营成本；银行可以直接利用第三方支付平台的服务系统提供服务，________网关开发成本。

8. 第三方支付平台安全风险的防范可以从加强宏观监管、______________，以及____________________________等方面着手。

9. 中国人民银行（简称央行）在《非金融机构支付服务管理办法》第六条中规定：________应当遵守反洗钱的有关规定，履行反洗钱的义务。

二、单项选择题

1. 下列支付方式中，不属于电子支付的是（　　）。

A. 网上支付　　B. 电话支付　　C. 移动支付　　D. 签发支票

2. 网上购物时，银行卡电子传输系统采用的是（　　）。

A. 城域网　　B. 互联网　　C. 专用网　　D. 局域网

3. 网上银行的安全风险包括（　　）。

A. 技术安全风险　　B. 管理安全风险

C. 业务安全风险　　D. 以上皆是

4. 下列选项中，不属于网上银行为用户配备的安全工具的是（　　）。

A. U 盾　　B. 电子密码器

C. 网上银行口令卡　　D. 射频识别技术

5. 如果网上银行的加密算法被黑客攻破，将使银行用户的资金、账号、密码在网络传输中如同明文传输，造成用户信息泄露，此类风险属于（　　）。

A. 网上银行客户端安全认证风险　　B. 网络传输风险

C. 系统漏洞风险　　D. 安全管理风险

6. 下列选项中，不属于网上银行的事前预防安全措施的是（　　）。

A. 要求客户端使用网银安全助手、密码控件等防范手段

B. 使用 SSL 安全加密

C. 加强钓鱼网站的早期发现和清理

D. 网上银行交易日志审计分析

7. 下列选项中，属于第三方支付平台面临的金融风险的是（　　）。

A. 沉淀资金风险、洗钱风险、套现风险

B. 信用风险、洗钱风险、操作风险

C. 流动性风险、操作风险、套现风险

D. 市场风险、流动性风险、信用风险

8. 下列选项中，关于第三方支付平台的说法错误的是（　　）。

A. 第三方支付平台增加了商家和银行的运营成本

B. 第三方支付平台能够为买卖双方的信用提供担保，从而化解网上交易风险的不确定性，增加网上交易成交的可能性

C. 第三方支付平台可提供多种银行卡的网关接口

D. 在途资金使第三方支付平台为非法转移资金和套现提供便利，容易形成潜在的金融风险

三、判断题

1. 由于电子支付将传统支付方式无形化、虚拟化，所以对电子支付工具的安全管

理可以由传统支付方式的防伪技术对应虚拟化过来即可。（ ）

2. 磁条卡在通过写磁设备后，会被不法分子利用而进行伪卡的盗刷，安全系数较低。（ ）

3. 金融专用网是银行内部及银行之间进行通信的网络，它对外开放，具有较高的安全性。（ ）

4. 反欺诈交易平台可以针对网上银行认证和交易，及时采集分析交易信息，进行主动防御，发现和预警身份冒用、套现、虚假交易等风险，属于网上银行的事中防御阶段措施。（ ）

5. 网上银行的查询密码、交易密码，除了可以告知主动联系你并能说出你身份信息的工作人员外，不得泄露给他人。（ ）

6. hosts 文件是 Windows 系统中将一些常用的网址域名与 IP 地址建立关联的系统文件，对于黑客来说没有任何利用价值。（ ）

7. 第三方支付平台是买卖双方在交易过程中的资金“中间平台”，是在银行监管下保障交易双方利益的独立机构。（ ）

8. 在电子商务发展过程中，第三方支付平台有效地保障了货物质量、交易诚信、退换要求等环节，在整个交易过程中，对交易双方进行了相应约束和监督，因此其金融安全风险可忽略不计。（ ）

9. 中国人民银行是第三方支付平台的主要监管者，负责对第三方支付机构的业务准入、交易行为、经营行为等方面实施监管，支付机构和备付金存管银行应分别按规定向中国人民银行报送备付金存管协议、备付金专用存款账户及客户备付金的存管或使用情况等信息资料。（ ）

10. 网络交易具有一定的虚拟性，从外部来看，很难识别其是否真正进行了交易，从而影响监管机构对可疑交易的判断。（ ）

四、简答题

1. 电子支付有哪些特征?

2. 电子支付系统的安全需求有哪些?

3. 网上银行业务存在哪些安全风险?

4. 个人在使用网上银行时应注意采取哪些安全措施?

五、案例分析题

1. 案例 1

某银行客户杨某某日收到短信通知，其借记卡账户在他未进行任何操作的情况下，通过网上银行渠道支取了 10 万元。他随即拨打银行客服电话进行核实，并确认了该情况。不久后，杨某接到一位自称是银行工作人员的电话，对方声称因银行系统升级出现错误，误将杨某账户上的 10 万元“吞掉”了，并表示银行准备退还给杨某。为了证明自己的身份，该人员先向杨某账户汇入了 100 元作为验证。杨某在查询到账户有 100 元进账后，由于担心账户的资金安全，他立即将账户内的资金全部取出。然而没过几分钟，该人员再次来电，询问他是否收到 100 元，并提出让杨某打款 3 000 元到他指定的银行卡。该人员解释称，这是银行为了确认杨某资金“被吞”的真实性，以

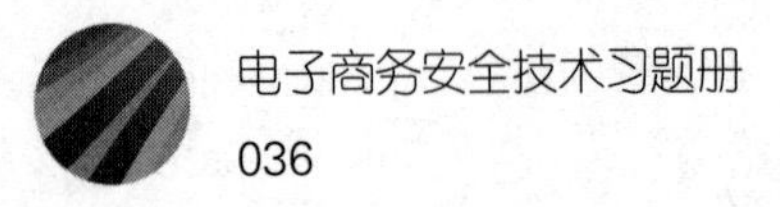

便将余款返还给他。

由于杨某经常观看和收听法制类电视和广播，防范意识比较强，他立即意识到自己可能是遇到诈骗了。于是，杨某迅速前往派出所报案。在派出所民警的帮助下，该银行工作人员随后通过前台交易查询、个人网银转账汇款查询、缴费站委托代扣等多种方式进行了调查，均未能查到收款方的信息，最终在“网上贵金属——账户贵金属双向交易——我的保证金”账户里找到了杨某的10万元。原来，骗子窃取了杨某的网上银行登录密码，开通了网上贵金属双向交易业务，并将卡上的余额转入网上贵金属保证金账户，从而制造了客户账户“被盗”的假象，企图骗取不明真相的客户汇款。

结合以上案例分析网上银行存在的安全风险，并简要叙述该案例对你的启发。

2. 案例2

移动支付为人们带来便利的同时，也带来了一定的安全风险。为此，中国银联联合全国性商业银行已连续多年开展全国消费者移动支付安全大调查活动。调查报告从用户移动支付习惯、风险行为、损失情况和防范措施等维度开展跟踪研究，并由此向公众提出风险防范建议。

根据中国银联发布的《2023年移动支付安全大调查报告》显示，用户的支付安全意识有所提升，超七成用户选择设置支付验证，支付安全意识指数高于2022年。在被访人群中，有近72%的用户表示在支付时会使用密码、短信验证码、生物识别方式（指纹、面部识别）来提高验证强度，以进一步保障账户资金安全。但电信诈骗威胁依然严峻，有87.4%的被访用户反映收到过各类诈骗信息，其中短信、电话、电子邮件

等依然是不法分子散布电信诈骗信息的首选渠道，同时电信诈骗正逐步加深向社交媒体和短视频平台的渗透。人均电信诈骗损失有所下降，表明反诈宣传教育逐渐深入人心，用户反诈防诈措施成效显著。虚假购物、刷单返利诈骗等为造成用户损失的主要电信诈骗手法，电话、短信等传统渠道仍是电信诈骗信息的主要来源。值得注意的是，电信诈骗手法与人群特征高度结合，“一老一少”仍是重点人群。

查阅电子商务安全相关的法律法规，从法律法规的角度分析如何才能更好地防范移动支付安全风险。

3. 案例3

数字支付时代安全白皮书（2020）（节选）

近年来，支付市场开放稳步推进，支付基础设施不断优化，产业依托金融科技向多元化、数字化转型升级的步伐进一步加快，境外业务模式不断拓展，移动支付持续发展创新，支付产业进入了“深耕场景，共享资源，技术融合”的新时期。与此同时，受宏观经济下行、监管政策从紧、业态发展变革等诸多不确定性因素影响，支付业务风险隐患仍需高度警惕。

信用风险受共债和催收多重压力影响，风险持续攀升，资产质量管控压力与日俱增。与此同时，受信贷紧缩影响，专业化、团伙化的套现套利活动不断滋生，并呈现线上线下套现同步发酵、从非金机构向商业银行蔓延等特征。

欺诈风险快速向线上移动端和创新支付产品聚集，并从交易层面向开户、验证、还款、交易、授信、转账全链条全方位渗透延展。同时，跨境风险加速凸显，受境外验证强度较弱、静态收款码跨境传播等因素影响，境外非面渠道欺诈大幅上升。

合规风险在机构间流窜隐匿并向商务端业务迁移，部分机构商户资质审核不严、客户身份识别不健全、通道违规外放、包装改造交易场景，使得支付接口被利用作为

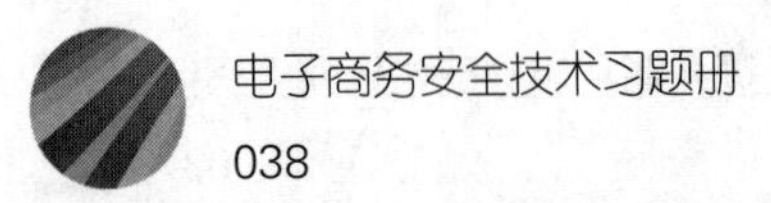

电信网络诈骗、跨境网络赌博、洗钱等非法资金快速汇集转移的重要通道。

清算风险整体平稳但仍存隐忧，中小机构流动性风险问题不断凸显，个别支付机构挪用客户备付金、垫资业务缺乏真实交易背景引发流动性危机等风险事件接连发生，给清算风险防控工作敲响了警钟。

综合分析上述风险形势的变化和特点，可以看出支付风险呈现以下新的发展变化趋势：一是风险从传统的线下渠道快速向移动互联网渠道和境外迁移；二是风险从资金交易环节向业务全链条全方位渗透，银行类App也已成为欺诈分子轮番攻击的对象；三是风险类型从以欺诈风险为主向各类风险交织并存发展，尤其是合规风险日趋凸显，非法交易在各类支付场景之间隐匿逃窜；四是犯罪形态从个体作坊式攻击向集团化、专业化、智能化和国际化犯罪演变，防范系统性风险压力进一步加大；五是风险产生的原因从业务产品为主向产品、人员及系统等多因素组合转变，系统安全与道德风险越来越需要引起关注；六是数据隐私安全和智能风控应用的矛盾开始显现，风险防控及外部合作将会迎来新的挑战。

针对上述案例，谈谈电子商务企业在选择电子支付方案时应注意哪些安全风险。

六、实训题

1. 实训 1：开通网上银行

（1）实训内容

1）网站认证：安全证书安装。

2）传输安全：SSL 协议传输。

3）客户身份认证：账号和密码的输入。

4）网上交易资金在银行主机系统内封闭流动。

5）网上支付的信息保护。

（2）实训要求

一人一机进行操作，记录操作过程，注意个人账号与密码的安全。

（3）实训小结

撰写实训小结。

2. 实训 2：第三方支付平台调查

请同学们上网查询目前国内主要的第三方支付平台有哪些，规模较大的网上商城有哪些，它们采用的主要是哪些第三方支付平台，并填写在表 4-1 中。

表 4-1　第三方支付平台的应用

第三方支付平台 / 网上商城						

分析各第三方支付平台的功能服务、特色、收费状况及市场份额，填写表 4-2。

表 4-2　第三方支付平台的比较

第三方支付平台	功能服务	特色	收费状况	市场份额

3. 实训 3：安全支付现状调查

（1）实训内容

1）进入中国互联网络信息中心网站。

2）下载最新的和次新的“中国互联网络发展状况统计报告”。

3）查找并比较其中关于电子商务案例和支付方面的数据，分析产生变化的原因。

（2）实训要求

一人一机搜集资料，总结归纳，不得原文照抄，形成并提交报告。

（3）实训小结

撰写实训小结。

第 5 章
电子商务安全管理

一、填空题

1. 自 2023 年 7 月 1 日起，列入《__________》的网络安全专用产品应当按照《______________________》等相关国家标准的强制性要求，由具备资格的机构安全认证合格或者安全检测符合要求后，方可销售或者提供。

2. 计算机信息系统等级保护的对象是________和____________，主要包括基础信息网络、云计算、物联网、移动互联网、大数据应用等。

3. 2005 年 4 月 1 日我国出台了《_______________》，承认了电子签名的法律效力，其被认为是我国第一部真正意义上的电子商务法。

4. 依据《中华人民共和国电子商务法》（以下简称《电子商务法》），消费者和商家出现消费纷争，__________应积极配合消费者举证，提供必要的便利来维护消费者权益。

5. 电子商务安全风险导致的直接损失包括企业有形和无形财产损失，其中有形财产损失指网络攻击导致的________________________及设备损坏，无形财产损失包括______________________________等无形资产的损失。

6. 电子商务安全风险导致的间接损失主要包括_______________、业务恢复投入以及__________________等。

7. _______________________是我国网络安全应急体系的核心协调机构。

8. 网上交易信息的保密级别一般可分为绝密级、____________和____________三级。

9. 电子商务业务应制订交易安全计划和应急方案，一旦发生意外，立即实施，以最大限度地__________，尽快恢复____________。

10. 灾难恢复包括许多工作：一方面是__________的恢复，使计算机系统重新运转起来；另一方面是__________的恢复。一般来讲，_________的恢复更为重要，难度也更大。

二、单项选择题

1. 计算机信息系统的使用单位在计算机病毒防治工作中应当履行的职责不包括（　　）。

A. 建立本单位的计算机病毒防治管理制度

B. 采取计算机病毒安全技术防治措施

C. 对本单位计算机信息系统使用人员进行计算机病毒防治教育和培训

D. 向他人提供含有计算机病毒的文件或软件

2. 能够防御来自外部有组织的团体、拥有较为丰富资源的威胁源，或较为严重的自然灾害以及其他相当危害程度的威胁，并能及时发现、监测攻击行为和处置安全事件，较快恢复绝大部分功能，属于等级保护（　　）的安全保护能力要求。

A. 第一级　　B. 第二级

C. 第三级　　D. 第四级

3.《电子商务法》对电子商务经营者、电子商务合同的订立与履行、电子商务争议解决、电子商务促进和法律责任等方面做了规定，其中不包括（　　）。

A. 电子商务平台不得删除消费者评价

B. 制约大数据杀熟

C. 平台经营者自营应显著标识

D. 平台可以强制商家“二选一”

4. 下列关于电子签名和数字签名的说法正确的是（　　）。

A. 从概念上说，电子签名与数字签名是完全相同的

B. 电子签名的概念来源于科学技术领域，特指利用公钥密码技术而实现的对数据的鉴别

C. 电子签名是法律上为了追求技术中立性而泛化的概念，数字签名是电子签名的一种特定实现形式

D. 相比传统的纸质盖章，电子签名或数字签名能起到很好的降本增效的作用，但没有纸质签名安全可控

5. 电子商务安全风险的主要特点不包括（　　）。

A. 攻击具有普遍性，风险无处不在

B. 信息和数据成为主要侵害对象

C. 安全问题造成的损失日益增大

D. 不接入网络，就不可能成为网络侵害的对象

6. 下列选项中，不属于电子商务安全风险管理中风险识别内容的是（　　）。

A. 信息资产的识别与估价　　B. 风险评估矩阵

C. 薄弱点评价　　D. 威胁的识别与评估

7. 当收到陌生人的电子邮件时，下列做法错误的是（　　）。

A. 收到陌生人的电子邮件时，尽量不要打开其附件

B. 电子邮件内容里如果有图片，且图片内容比较有诱惑性的，不随意点击

C. 电子邮件内容里如果有后缀为“.exe”的可执行文件，不随意点击

D. 电子邮件内容里如果有链接，且文字显示是安全站点名称的，可以打开

8. 根据国家互联网信息办公室发布的网络关键设备和网络安全专用产品目录，（　　）属于网络安全专用产品。

A. 显示器　　B. 路由器

C. 入侵检测系统（IDS）　　D. 打印机

三、判断题

1. 中华人民共和国境内的安全专用产品进入市场销售，应符合《信息安全技术　网络安全专用产品安全技术要求》等国家相关标准的强制性要求。（　　）

2. 我国计算机信息网络进行国际联网，必须统一使用国家公用电信网提供的国际出入口信道，其他单位和个人还可根据需要自行建立或者使用其他信道进行国际联网。（　　）

3. 电子商务网站、物流平台、货运网站、政府单位系统等的交易信息、用户信息、隐私信息等，一旦受到攻击，将对社会和国家产生一定的影响，因此此类系统一般需要达到等级保护第三级的保护能力要求。（　　）

4. 微商、代购、网络直播不属于电子商务经营者范畴，不受《电子商务法》制约。（　　）

5. 依据《电子商务法》规定，消费者和商家出现消费纷争，平台没有义务配合消费者举证，需要消费者完整保留交易数据信息来维护自身权益。（　　）

6. 采用购买商业保险来进行风险的转移，或通过购买专业软件并即时升级更新来减弱威胁程度，是电子商务安全风险管理中风险识别分析阶段的重要内容之一。（　　）

7. 跟踪制度要求企业建立网络交易系统日志机制，用来记录系统运行的全过程。这些日志对电子商务系统的运行监督、维护分析、故障恢复都可以起到非常重要的作用。（　　）

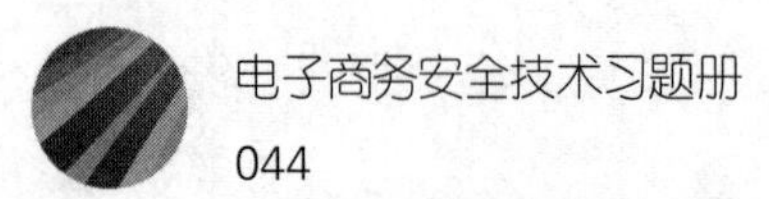

8. 电子商务安全运转原则中的最小权限原则是指给予网络管理员最小的权限，不允许其访问电子商务系统和数据。（　　）

四、简答题

1. 电子商务企业在计算机病毒防治工作中应当履行哪些职责?

2.《电子商务法》是电子商务领域的一部基础性法律，它有哪些亮点?

3. 简述电子商务风险的主要特点。

4. 简述电子商务风险识别的一般步骤。

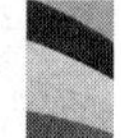

5. 电子商务企业的安全管理制度体系一般需要包括哪些方面的制度?

五、案例分析题

案例 1　某汽车用品公司刷单炒信案

案件详情：2021 年 8 月，某市场监督管理局接线索移交，称某汽车用品公司在某文化传媒有限公司开办的“安全区”平台上参与刷单。经查，网店店铺“× × 车品专营店”与网店店铺“× × 汽配”均由当事人负责经营，主要销售汽车零配件，为提高这两个网店的商业信誉和人气排名，2020 年 7 月至 12 月间，当事人在“安全区”平台上发布需刷单商品的链接，由平台买手领取刷单任务后，完成浏览商品、下单支付、确认收货、发布评价等系列操作，对于刷单商品，当事人均以发送空包裹代替。其间，当事人共虚构交易订单 625 笔，虚构交易金额 65 235.34 元，并为此支付刷单佣金 4 375 元。

法律依据：当事人的上述行为违反了《电子商务法》第十七条以及《中华人民共和国反不正当竞争法》(以下简称《反不正当竞争法》) 第八条第一款之规定，构成了利用虚构交易的方式进行虚假的商业宣传，欺骗、误导消费者的违法行为。

处罚结果：2021 年 10 月，该市场监督管理局根据《电子商务法》第八十五条以及《反不正当竞争法》第二十条之规定，责令当事人停止违法行为，处罚款 2 000 元。

案例 2　某公司未履行入网食品经营者主体资质审验义务案

案件详情：2021 年 1 月，某市场监督管理局综合执法总队接到举报，称某科技公司重庆分公司未履行法定证照审核义务。经查，当事人未对入驻其平台的商户进行相关资质材料及信息的审查登记，导致某炒粉王（上线时间：2019 年 11 月至 2021 年 1 月）在无食品经营许可证的情况下，入驻平台提供餐饮外卖服务至 2020 年 7 月 28 日；某火锅鸡（上线时间：2020 年 7 月至同年 11 月）经营期间，在平台上公示的主体信息中营业执照主体和食品经营许可证主体不一致。

法律依据：当事人上述行为违反了《网络食品安全违法行为查处办法》第十一条第一款之规定，构成了未依法审查入网食品经营者食品经营许可证、营业执照的违法行为。

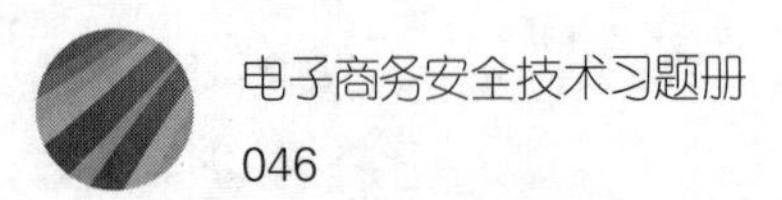

处罚结果：2021 年 8 月，该市场监督管理局根据《网络食品安全违法行为查处办法》第三十二条第一款、《中华人民共和国食品安全法》第一百三十一条第一款之规定，责令当事人改正违法行为，没收违法所得 3 374.33 元，并处罚款 95 000 元。

案例 3　某电子商务公司通过直播活动实施虚假宣传案

案件详情：2021 年 1 月，某市场监督管理局接收案源信息，反映某电子商务公司平台上的网店在直播及网页宣传中存在虚假内容。经查，当事人于 2020 年 10 月 8 日在其店铺上架销售“×× 家纯手工菜刀”等 3 款刀具。为突出手工锻打工艺、吸引消费者、提高销量，在未向供货的制造商核实真实生产工艺流程的情况下，当事人在 3 款刀具销售页面使用了“纯手工锻打”“我们的刀都是师傅一锤一锤反复锻打成型的”等内容的广告宣传，同日，当事人店铺的主播在宣传上述刀具时使用了“33 号链接开始就是我们的纯手工锻打刀……这个是纯手工的，一锤子一锤子敲打出来的……”等语言，当事人将此次直播录屏后进行多次播放。经制造商核实，上述刀具生产工艺既有手工操作工序，也包含大量机械操作流程，当事人宣传的“纯手工”流程与实际不符，误导了消费者，并可能影响其购买选择。

法律依据：当事人的上述行为违反了《中华人民共和国广告法》（以下简称《广告法》）第二十八条第二款之规定，构成了发布虚假广告的违法行为。

处罚结果：2021 年 5 月，该市场监督管理局依据《广告法》第五十五条第一款之规定，责令当事人停止发布广告并在相应范围内消除影响，处罚款 2 万元。

案例 4　某科技公司通过直播销售侵犯注册商标专用权服装案

案件详情：2021 年 8 月，某市场监督管理局接群众举报，反映某科技公司在某直播平台上销售假冒的安德玛运动装。执法人员依法进行现场检查时，发现当事人正通过某直播平台进行直播，并在直播中销售相关服装。经权利人安德阿镆有限公司鉴定，当事人在直播中销售的服装侵犯了其相关文字及图形商标的专用权，系假冒商品。经查，当事人从 2021 年 6 月成立以来，便通过直播销售安德玛相关服装，其在进货时未查验供货商的经营资质，也没有留存任何进货发票或相关凭证，并在明知所进服装来自非正规渠道存在假冒嫌疑的情况下，直接在直播中对外销售。

法律依据：当事人的上述行为违反了《中华人民共和国商标法》（以下简称《商标法》）第五十七条第（三）项之规定，构成了销售侵犯注册商标专用权商品的行为。

处罚结果：2021 年 11 月，该市场监督管理局根据《商标法》第六十条第二款之规定，责令当事人立即停止侵权行为，没收了查获的侵权服装，并处罚款 1 万元。

案例 5　王某组织策划网络传销案

案件详情：2020 年 8 月，某市场监督管理局接到举报，称王某涉嫌组织策划传销

活动。经查，2014 年 12 月，当事人通过 QQ 好友叶某了解到某集团“雷金币”项目，该项目共设置五级代理会员模式，参与者通过购买相应会员等级的雷金币，取得加入和发展其他人员加入成为会员的资格，并成为静态会员或动态会员。通过动态会员四级奖励制度，诱导被发展人员发展其他人员加入，按照投资的金额及先后发展的顺序组成层级，并以直接或间接发展人员的数量以及下线购买雷金币额度为依据计算和给付报酬。当事人先后购买了价值 7.2 万元的雷金币成为代理会员，为谋取更多利益，当事人通过自建网站宣传“雷金币”项目，并以高额分红引诱他人加入，因发展下线人员较多，当事人逐步成为最高等级代理、总监，截至案发，当事人通过参加和介绍他人参与“雷金币”项目共获利 110 万元。

法律依据：当事人的上述行为违反了《禁止传销条例》第七条之规定，构成了违法组织策划传销的行为。

处罚结果：2021 年 4 月，该市场监督管理局根据《禁止传销条例》第二十四条第二款之规定，对当事人做出没收违法所得 110 万元，并处罚款 5 万元的行政处罚。

根据以上案例，分析电子商务企业在经营管理时可能遇到的风险，以及应制定哪些管理措施来规避此类风险。

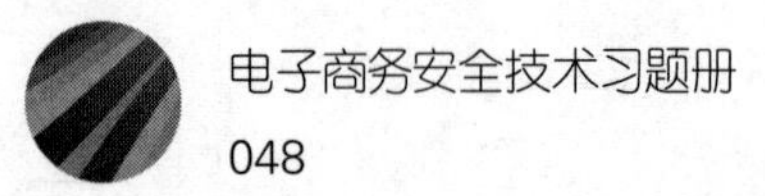

六、实训题

小张经营着一家网店，在运营过程中感觉面临一些风险事项。

系统平台被侵入：入侵者攻击进入系统，改变用户数据（如商品送达地址）、解除用户订单或生成虚假订单等。

客户资料被竞争者获悉：遭受木马或病毒攻击或存在管理漏洞，导致客户隐私被侵犯、网店数据被盗、网店客户被抢等。

被他人假冒而损害公司的信誉：匿名人士在另一个电子商务平台建立与公司名字相同的网店来假冒销售者。

产品质量问题退单：因产品质量问题出现大量退单和投诉事件。

恶意差评：遭到不明人士恶意差评，甚至敲诈勒索。

根据小张的担忧，请你为小张编制一份风险防控预案，对网店运营风险进行有效防控。